Meditazione Guidata: La Guida per Principianti per Meditare con la Tecnica Mindfulness Buddista Zen Trascendentale per Ridurre lo Stress e Trovare la Felicità

Ancient Wisdom, Volume 2

Marylin Bennet

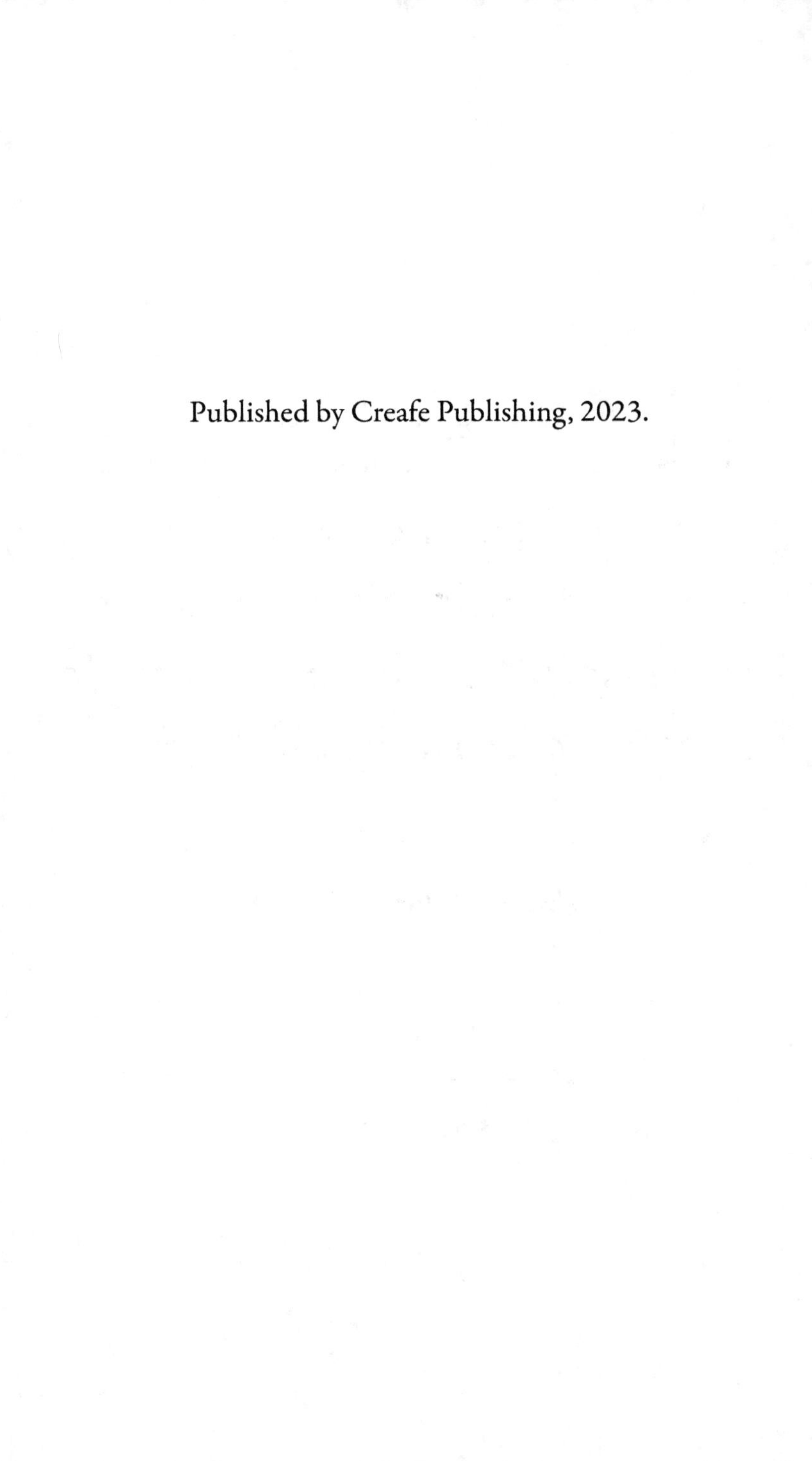

Published by Creafe Publishing, 2023.

While every precaution has been taken in the preparation of this book, the publisher assumes no responsibility for errors or omissions, or for damages resulting from the use of the information contained herein.

MEDITAZIONE GUIDATA: LA GUIDA PER PRINCIPIANTI PER MEDITARE CON LA TECNICA MINDFULNESS BUDDISTA ZEN TRASCENDENTALE PER RIDURRE LO STRESS E TROVARE LA FELICITÀ

First edition. October 6, 2023.

Copyright © 2023 Marylin Bennet.

ISBN: 979-8215279540

Written by Marylin Bennet.

Also by Marylin Bennet

Ancient Wisdom
Yoga per Passione: La Guida Completa alle Pose e alla Disciplina che Allena Corpo e Mente
Meditazione Guidata: La Guida per Principianti per Meditare con la Tecnica Mindfulness Buddista Zen Trascendentale per Ridurre lo Stress e Trovare la Felicità

Sommario

Capitolo 1
LA MEDITAZIONE

Il termine Meditazione proviene dal latino "meditatio" e significa riflessione.

Fin dalla nostra infanzia ci viene insegnato ad analizzare e verificare solamente gli eventi che provengono dal mondo esterno e nessuno ci ha mai educato a guardare dentro noi stessi.

Siamo infatti degli estranei per noi stessi mentre ci concentriamo molto di più sulla conoscenza degli altri. Tale mancanza di conoscenza del nostro corpo e della nostra mente è uno dei motivi principali per il quale i nostri rapporti non sembrano funzionare e perché spesso ci sentiamo confusi e delusi. La conoscenza della nostra mente e uno dei più grandi ostacoli.

Quando riusciamo a comprendere ciò che è dentro di noi, tramite la meditazione, raggiungiamo il massimo dei traguardi. Meditando impariamo così a prenderci cura di noi e a ottenere uno stato di estrema pace interiore.

I vantaggi della meditazione sono molteplici e scientificamente provati. Gli studi dimostrano che le persone che praticano quotidianamente la meditazione hanno innumerevoli benefici sul proprio corpo e sulla propria mente. Per ottenere i benefici bisogna essere perciò essere costanti e praticare questa disciplina in maniera quotidiana.

Ecco alcuni motivi per cui è utile meditare:

Riduce l'ansia, lo stress e la rabbia

Rinforza il sistema immunitario

Migliora la relazione verso sè stessi

Ritrovare la fiducia in sè stessi

Aumenta la concentrazione

Sviluppa l'intuizione

Aumenta l'energia

Ma sfatiamo un mito, meditare non è facile, richiede calma e non si può fare di fretta.

Si può meditare concentrandosi su qualcosa (un oggetto o un suono), camminando o svuotando completamente la mente. Non è importante il luogo in cui si medita, infatti si può fare anche a casa, la cosa importante è che sia un luogo silenzioso in modo da potersi concentrare. Non esiste un tempo per meditare, si può praticare per un'ora, per mezz'ora o anche solo per cinque minuti, l'unica cosa importante è mantenere la costanza e la motivazione.

Iniziare non è semplice ma vediamo alcuni piccoli accorgimenti per valorizzare al meglio la tua esperienza:

Sedersi: la cosa più importante è mantenere la schiena dritta in modo da potersi concentrare sul proprio respiro. Molte persone si concentrano di più tenendo gli occhi aperti, altre invece con gli occhi chiusi fondamentale è riuscire a lavorare sull'attenzione.

Anche la posizione delle gambe e delle mani non è necessario. Le mani possono essere rivolte con il palmo verso l'alto, appoggiate sulle ginocchia oppure con il palmo verso il basso. Le gambe possono essere incrociate oppure piegate. Bisogna essere solamente comodi.

La cosa più importante è mantenere il corpo in posizione verticale, con la schiena dritta.

Non tutti siamo uguali, pertanto ognuno di noi deve trovare la posizione più comoda senza pensare che sia sbagliata.

Il cuscino: come detto in precedenza, la posizione è fondamentale, in quanto se non assunta in maniera corretta, il nostro corpo e la nostra mente possono sfuggire di mano. Per questo motivo, in commercio esistono diverse tipologie di cuscini che ci permettono di trovare la posizione esatta semplicemente e senza troppo sforzo. Sembra strano ma un semplice cuscino può modificare la postura. Non solo la schiena ma ci permette di mantenere le spalle rilassate e facilita l'apertura delle anche.

Rimanere fermi: come detto in precedenza, non esiste una posizione più giusta ma di fondamentale importanza è rimanere fermi. Ogni volta che muoviamo il nostro corpo, la nostra mente risponde con pensieri casuali compromettendo la consapevolezza del momento.

Silenzio: il silenzio esteriore ci aiuta a rimanere in silenzio anche all'interno della nostra mente e nel nostro corpo. Nella nostra cultura rimanere in silenzio è molto raro ma prezioso. Bisogna quindi assicurarsi di essere in un ambiente estremamente tranquillo quando si pratica la meditazione.

Il respiro: non bisogna sforzarlo ma farlo in maniera naturale. Focalizzati su di esso e immagina che attraversi i polmoni e seguilo mentre esce dal tuo corpo. È possibile concentrarsi su ogni elemento che caratterizza il respiro: dalla sensazione dell'aria che entra ed esce dal nostro corpo; dai polmoni che si gonfiano e che si sgonfiano; i suoni che emettiamo. Solo lui è la porta verso la consapevolezza.

Il pensiero: questa è la parte più difficile. Non bisogna concentrarsi su niente tranne che sul proprio respiro. Proprio per questo motivo bisogna meditare in un luogo silenzioso. Non è semplice svuotare la nostra mente dai pensieri, perciò non bisogna avere agenti esterni che complicano questa situazione.

Quando la mente vaga: ciò succede e succederà molto spesso, quindi non vi preoccupate se la vostra mente spesso si perderà nei vostri pensieri. Questo è tutto normale in quanto per la nostra mente tende a vagare. Ciò succede anche ai meditatori più esperti. È opportuno però concentrarsi sul presente e non sul passato. Una volta che ci rendiamo conto che la nostra mente sta vagando bisogna riportare l'attenzione, con delicatezza, sul nostro respiro. Perciò è importante rimanere tranquilli senza agitarsi e focalizzare l'attenzione sul respiro.

Evitare la frustrazione: quando la nostra mente inizia a vagare e non va dove vogliamo non arrabbiarti e non sforzarti. Bisogna riportare l'attenzione sul respiro in maniera calma e delicata. Se non riesci prova a contare i respiri fino a cinque e ricomincia, ciò è semplice e funziona.

Timer: è necessario darsi un tempo. È molto più funzionale meditare per dieci minuti al giorno piuttosto che mezz'ora per due volte a settimana. Cercate di farlo tutti i giorni anche solo per qualche minuto. Più si pratica la meditazione più si trarranno dei benefici. Prima di iniziare bisogna stabilire un tempo e mettere un timer. Continuate fino a che non sentite la sveglia suonare. È importante che la sveglia abbia un suono dolce e calmo, in quanto l'attesa di un suono forte e assordante potrebbe distrarre la mente e spostare l'attenzione mentre si medita.

Tempo: stabilite un momento fisso ogni giorno per dedicarvi a questa pratica. Senza però farlo diventare un impegno troppo rigido, in quanto la meditazione deve essere un momento piacevole e non una fonte di stress.

Capitolo 2
LA MEDITAZIONE GUIDATA

Un'altra tecnica di meditazione è la meditazione guidata. La differenza è che non si medita in modo completamente autonomo ma si viene guidati da una voce esterna che ci aiuta a compiere il processo di rilassamento. Essa ci permette di gestire lo stress quotidiano e combattere l'ansia. Esistono diversi tipi di meditazione guidata in base allo scopo che si vuole ottenere. Secondo recenti studi, il nostro cervello non riesce a riconoscere se un evento è avvenuto realmente oppure se è immaginario, proprio per questo motivo i benefici di un'esperienza avvenuta tramite meditazione guidata sono gli stessi di un'esperienza avvenuta realmente. Attraverso questo semplice e veloce esercizio potrai trarre benefici sul tuo corpo, utilizzando solamente la forza della tua mente.

Ma entriamo più nello specifico, ecco alcuni vantaggi che ci può dare la meditazione guidata:

Riduce lo stress quotidiano

Diminuisce la pressione sanguigna

Aiuta a trovare la strada dentro di noi

Eliminare l'insonnia e i problemi del sonno

La respirazione diventa più regolare

Gestione degli attacchi di panico

Allontanare le emozioni negative

Rinforzare il sistema immunitario

Aiuta ad acquisire maggiore consapevolezza del nostro corpo e della nostra mente

Il procedimento in cui si svolge la meditazione guidata è molto semplice e può essere svolta individualmente oppure in gruppo. Quando si pratica in gruppo, si traggono i benefici anche dalla presenza di altre persone. L'unica cosa indispensabile è che ci sia un conduttore che guidi la nostra esperienza e che ci aiuti a concentrarci e a raggiungere i nostri obiettivi.

Bisogna scegliere un posto tranquillo dove non si può essere distratti da rumori o agenti esterni come il cellulare, la televisione o persone che parlano.

La posizione: è importante che la schiena sia dritta, si può stare seduti oppure sdraiati. Se si sceglie la posizione sdraiata è importante non addormentarsi anche se spesso può succedere, ma non è questo il nostro scopo. Inoltre la schiena, anche in questo caso, deve rimanere dritta quindi la posizione corretta è quella supina, con viso e ventre rivolti verso l'alto. La cosa fondamentale è rimanere sempre nella stessa posizione. È necessario, inoltre, essere a contatto con con il suono o pavimento.

Una volta trovata la posizione, si devono chiudere gli occhi e si può iniziare concentrandosi sul proprio respiro.

Adesso la tua guida, attraverso il racconto di suoni e immagini ti accompagnerà in un profondo percorso di rilassamento.

La tua guida non deve essere per forza una persona fisica, ma su internet esistono moltissimi audio che ti permetteranno di fare questa pratica in maniera autonoma, basterà una volta trovata la posizione corretta, avviare la registrazione.

Capitolo 3
LA MEDITAZIONE DEL TERZO OCCHIO

Secondo i mistici un'altra forma di meditazione guidata è quella del terzo occhio. Il terzo occhio non è un occhio fisico, ma spirituale. Esso si trova tra le due sopracciglia ed è colui che ci permette di avere una visione della realtà fondata più sull'intuizione e le sensazioni piuttosto che sul ragionamento. Oltre ad avere una collocazione fisica, ne ha anche una spirituale, si trova nella posizione del sesto chakra.

L'apertura del terzo occhio ci permette di sviluppare il sesto senso e l'intuizione. Secondo i mistici, il terzo occhio è una zona quasi inutilizzata dal nostro cervello e ci permetterebbe di "vedere" cose che di solito non riusciamo a percepire. Ci permette quindi di percepire la realtà in maniera diversa, più ampia e di avare percezioni extrasensoriali. Corrisponde alla nostra ghiandola pineale.

L'apertura del terzo occhio può avvenire sia con l'aiuto di un insegnante sia da soli. Non è una pratica facile. L'insegnante ci aiuta a far scorrere l'energia tramite gli occhi in una condizione di concentrazione profonda. Chi medita deve concentrarsi sulla fronte del proprio guro (in corrispondenza del terzo occhio) e l'insegnante farà da canale per l'energia. Ciò permetterà di entrare in collegamento con l'energia stessa. Questo tipo di pratica, al contrario della "normale" meditazione viene eseguita con occhi aperti, proprio per questo motivo è molto importante rimanere concentrati perché sennò si rischia di focalizzarsi sulla persona che si ha difronte e quindi di non trarre nessun beneficio.

Capitolo 4
LA MEDITAZIONE CAMMINATA

Non tutti i tipi di meditazione richiedono di stare seduti e immobili esiste infatti la meditazione camminata.

Essa infatti è una forma diversa di meditazione, al posto di stare seduti si pratica camminando. La nostra attenzione non si focalizzerà sul nostro respiro ma sul gesto della camminata. Non è quindi una semplice passeggiata, ma ci permette di svuotare la nostra mente dai pensieri e di arrivare a destinazione con la mente lucida. Molte persone trovano difficile trovare la posizione corretta rimanendo così distratti e quindi non riescono a praticare la forma di meditazione classica. Con questo tipo di meditazione si può trovare una valida alternativa. Può essere praticata ovunque, a casa, in un bosco, lungo un viale alberato, in pausa a lavoro.

I principali benefici che si traggono da questa tecnica sono:

Calma la mente e dona tranquillità

Riorganizzare i pensieri

Incanalare le sensazioni

Aiuta la digestione, soprattutto se praticata dopo mangiato

Riattiva il corpo, soprattutto se praticata appena alzati oppure dopo che si è stati tanto seduti

Migliora la forza di volontà

Inoltre, oltre tutti i benefici che si ottengono meditando si allineano a quelli che si ottengono camminando.

Prima di tutto bisogna scegliere un luogo dove farla.

Se si pratica in casa, basta avere un semplice tappetino su cui camminare.

Se si pratica all'aperto, deve essere un luogo indisturbato.

All'inizio, si consiglia di svolgere l'attività in solitudine, in quanto la presenza di altre persone può essere fonte di disturbo e distrazione. Inizialmente è importante fare attenzione alla propria posizione: l'addome deve essere rilassato, schiena e collo dritto, la respirazione regolare. La camminata deve avvenire in maniera lenta in modo da poter focalizzare la nostra attenzione sui movimenti, anche quelli più piccoli, che fa il nostro corpo. Di solito siamo abituati ad andare di fretta e allungare il passo, in questo caso invece, più si va piano più si trarranno i benefici. Inoltre, bisogna passeggiare in modo più naturale possibile. Una volta che si inizia a poggiare il primo passo sul terreno, bisogna solamente riuscire a trovare consapevolezza del proprio corpo.

Vai a step: come prima cosa porta attenzione su cosa provi quando appoggi il piede sul pavimento, percepisci il tallone che tocca il terreno, poi l'avampiede e successivamente anche le dita. È indispensabile rimanere concentrati. Man mano che appoggi i piedi sulla superficie presta concentrazione a come cambia la distribuzione del peso. Successivamente passa alle caviglie, ai polpacci, alle ginocchia e piano piano sali quindi si arriva fino al bacino. A questo punto inizi a percepire come tutte le parti del nostro corpo partecipano insieme alla camminata e come si modificano in base a come ci muoviamo. Saliamo: si passa alla colonna vertebrale che deve essere sempre dritta, le spalle alte, il petto e alla fine si arriva anche ai movimenti e ai cambiamenti che ci sono nel nostro collo e nella nostra testa. Solitamente non facciamo caso a questi movimenti, in quanto avvengono naturalmente, invece con questo tipo di camminata lenta, se presti particolare attenzione puoi benissimo percepire come ogni singola parte del nostro corpo compie dei micro-cambiamenti. Sembra un processo difficile e complicato ma in realtà è solo questione di pratica, e man mano che si compiano questi movimenti diventeranno naturali.

Durante tutte questo processo, si manifesteranno delle emozioni e delle sensazioni differenti. Alcune di esse saranno positivi, mentre altre negative, questo processo è naturale. La cosa più importante è non cercare di eliminare alcuna emozione, non bisogna concentrarsi solo su quelle positive, in quanto tutto ciò che proviamo ci è utile. Quindi non cercare di sviare, ma sentile e continua a camminare. Quando si è deciso di portare al termine il processo di meditazione non bisogna terminare la camminata in maniera brusca ma bisogna farlo in maniera calma e lenta. Bisogna soffermarsi sul posto e capire quali sensazioni si stanno provando, quali emozioni ci pervadono, quali sono i nostri pensieri e incanalare l'energia. Rimanere così per qualche minuto e poi terminare la meditazione. A differenza della meditazione classica, la meditazione camminata può essere praticata molto più facilmente durante l'arco della giornata.

Capitolo 5
I CHAKRA

Quando si parla di meditazione è impossibile non citare e sapere che cosa sono i chakra. I chakra sono 7 e sono fondamentali nella filosofia della meditazione in quanto corrispondono ai punti energetici presenti nel nostro corpo. Chackra è una parola sanscrita e significa cerchio, forma circolare, ruota. Spesso vengono anche chiamati Padma, ovvero loto infatti molto spesso nelle culture orientali vengono rappresentati come il fiore di loto visto dall'alto. Ogni loto ha un numero di petali, colore e racchiude diversi elementi pertanto assumono un significato diverso. Essi sono i nostri punti vitali e rappresentano le sedi delle nostre energie e hanno il compito di assorbire l'energia che abbiamo all'interno del nostro corpo e ridistribuirla all'esterno. Quando il chakra è aperto l'energia scorre liberamente varcando tutti gli strati della nostra aurea, se invece i chakra sono chiusi, l'energia è bloccata trovando così un ostacolo e non penetra creando degli squilibri a livello fisico, mentale o emozionale. Proprio per questo motivo è molto importante che i nostri chakra rimangano sempre aperti. I chakra sono 74 ma solamente 7 sono i principali. Il primo si chiama Muladhara ed è il chakra della terra, della radice. Si trova alla base della colonna vertebrale, tra pube e coccige. È collegato alle gambe pertanto è il simbolo della terra, tutto ciò che è solido e il suo colore è il rosso. Questo chakra è collegato alla fiducia in noi stessi e stimola le funzioni primarie del corpo. Un suo squilibrio può provocare: sonnolenza, malessere, apatia e insicurezza, problemi ai reni e ai denti. Se è troppo aperto, invece, si può rimanere attaccati al passato senza dare spazio al presente e godersi il bello della vita.

Ci sono molti esercizi che si possono fare per equilibrare questo chakra. Prima di tutto bisogna trovare un posto tranquillo a contatto con la terra come un giardino o un bosco, a questo punto bisogna fare degli esercizi di respirazione che vadano a stimolare il diaframma. La posizione può essere in piedi oppure seduti con le gambe incrociate e schiena dritta, a questo punto bisogna visualizzare delle immagini. Cercando di immaginare delle radici che partono dal nostro corpo fino a penetrare nel terreno. In questo modo tutte le energie negative che sono all'interno di noi verranno rilasciate nel terreno, successivamente le radici riconsegneranno a noi le energie positive. Il mantra è il Lam. Il numero dei suoi petali è quattro con all'interno la terra. Il secondo chakra si chiama Svadhisthana. Si trova nella parte bassa del ventre, subito sotto l'ombelico. Il suo elemento è l'acqua ed è associato ai liquidi e collega la nostra anima al corpo. Il suo colore è l'arancione. Ha come caratteristiche principali la vitalità, il movimento, la creatività e la spontaneità. Quindi se il Svadhisthana è bloccato, le emozioni sono coloro che subiscono il danno maggiore. Si avranno sbalzi di umore, saremo soggetti ad attacchi di panico, eccessi di emotività, disturbi dell'alimentazione. A livello fisico: vene varicose, calcoli renali, disturbi del mestruo e varicocele. Per equilibrare questo chakra è di fondamentale importanza lavorare sulla respirazione. Perciò la meditazione è un esercizio fondamentale. Proprio come se fosse un liquido, bisogna pensare di far scorrere l'aria che si inspira in tutto il tuo corpo. Oltre a questi esercizi, anche delle passeggiate possono aiutare. Il mantra corrispondente è il Vam. Il numero dei suoi petali è sei con all'interno una mezzaluna. Il terzo chakra è il Manipura. Ed è il chakra del plesso solare oppure del fuoco. Si trova nella nostra parte addominale tra il diaframma e l'ombelico, vicino all'apparato digerente. È legato al pancreas. È simbolo di energia, calore infatti se è aperto ed equilibrato ci sentiamo energici, forti e consapevoli del nostro ego. Se invece è chiuso, ci sentiremo passivi, insicuri e timidi mentre a livello fisico può provocare squilibri a livello di metabolismo, disturbi digestivi e del fegato proprio perché collegato al sistema digerente. Anche in questo caso la meditazione può aiutare, attraverso esercizi di respirazione addominale. Il mantra è il Ram. È rappresentato con dieci petali con all'interno un ariete. Il quarto chakra è il Anahata ed è considerato il chakra del cuore. Tra tutti è quello più centrale che unisce i chakra superiori a quelli inferiori. Infatti corrisponde anche all'aria in quanto unisce la terra e le sue radici con il cielo. Domina i sentimenti ed è da qui che nascono. Non solo sentimenti positivi quali l'amore e la gioia ma anche quelli più negativi come l'odio, il dolore, il rancore e il risentimento. A livello fisico domina il nostro cuore e i nostri polmoni. Quando è aperto e funzionante siamo capaci di amare incondizionatamente, siamo felici e premurosi verso il prossimo. Non siamo possessivi e non limitiamo le libertà altrui. Quando non è aperto ma rimane chiuso il nostro cuore è bloccato pertanto avremo problemi a provare affetto verso noi stessi e verso gli altri. Siamo quindi freddi e apatici e non riusciamo più a fidarci di nessuno. Per riequilibrare Anahata bisogna meditare concentrandosi sul proprio torace. È rappresentato da un loto con 12 petali con al centro due triangoli invertiti che formano una stella a 6 punte. Il sesto nome prende il nome di Ajna ovvero il terzo occhio. Si trova sulla fronte tra le due sopracciglia. È il simbolo dell'intuizione. Grazie alla sua posizione è collegato agli occhi, alle tempie e anche al cervello. Si collegano tutti gli opposti come la ragione e il sentimento, il femminile e il maschile, il buono e il cattivo, il corpo e la mente. Riesce a distinguere la verità e il giusto su ogni dualità. Il suo elemento è la luce e il suo colore è l'indaco. Se è il nostro chakra è aperto riusciamo finalmente ad entrare in sintonia con il nostro Io superiore. Riusciamo a capire l'essenza delle cose senza pregiudizi. Quando questo chakra è bloccato, tendiamo a essere egoisti, indifferenti, scettici, materialisti, freddi e calcolatori. Ci fidiamo solo di quello che vediamo. Bisogna pertanto tenere sempre in equilibrio l'Ajna tramite la meditazione proprio chiamata del terzo occhio. Ciò ci aiuterà a mettere in comunicazione il nostro essere con l'energia che è intorno a noi. Il mantra del sesto chakra è l'Om. Viene rappresentato con un loto a 2 petali, al centro un triangolo con la punta verso il basso. Il settimo è ultimo chakra è il Sahasrara o chakra della corona. Esso si trova alla cima della nostra testa. A differenza di tutti gli altri non domina su nessun organo ma è responsabile della nostra corteccia cerebrale e della ghiandola pineale ed è quindi al vertice dei nostri centri energetici. L'elemento che lo rappresenta è il metallo gli vengono associati il colore bianco e il viola. Viene raffigurato da un loto con mille petali, un numero simbolico per indicare l'infinito. L'apertura di questo chakra ci permetterà di essere più saggi e felici. Inoltre dona tranquillità e spensieratezza. Sarai più cosciente, paziente e comprensivo verso te stesso e verso gli altri. Al contrario avere il Sahasrara chiuso rende apatici, depressi e senza energie. Proprio perché il flusso è interrotto non riusciamo più a coltivare la nostra spiritualità. Essendo un chakra molto potente, un suo malfunzionamento crea problemi molto marcati anche a livello fisico. Soffriremo infatti, a livello organico di mal di testa, fobie, psicosi e malessere generale, spossatezza, confusione mentale e schizofrenie. Diventiamo insoddisfatti e ci interessano solamente i beni materiali. Proprio per questi vari motivi è molto importante avere tale chakra in stabile e in armonia. Per riequilibrare questo chakra bisogna concentrarsi e stimolare la parte alta della nostra nuca. Il suo mantra è l'Ah. Tutto ciò ci insegna che è molto importante mantenere i chakra in equilibrio, essi infatti agiscono non solo sulla nostra sfera emotiva ma anche su quella fisica. In modo da essere in sintonia e in pace con il mondo che ci circonda, ma anche di fondamentale importanza, in pace con il nostro essere interiore. Così facendo si sarà in piena sintonia con l'energia dell'universo.

Capitolo 6
QUI E ORA

Molto spesso ci troviamo a sentir parlare del qui e ora ma cosa è realmente?

Già all'epoca di Orazio si predicava il Carpe diem, cogliere l'attimo, vivere nel presente e non avere rimpianti, ma come possiamo farlo? Come possiamo vivere nel presente senza preoccuparci troppo del futuro e del nostro passato?

Hic et Nunc è l'unico momento reale che esiste, infatti un secondo prima è già il passato mentre un secondo dopo è già futuro. L'argomento che stiamo trattando ci appartiene profondamente ed è sempre attuale ma è nato già nel I secolo a.c. al tempo dei poeti latini. Dobbiamo quindi imparare a vivere il presente e immergerci completamente in esso, vivendo con coscienza e cognizione ogni istante della nostra vita. Se impariamo a farlo ogni cosa della nostra vita ci sembra più intensa:

se siamo più concentrati su un lavoro, saremo molto più produttivi

se impariamo ad assaporare i cibi scopriremo tutti i suoi sapori più nascosti

fare le cose una per volta, e non tre cose insieme come molto spesso ci capita di fare, aumenteremo la nostra produttività maggiore attenzione al presente ci permette di dare le giuste priorità e goderci l'istante. Praticare tutto ciò non è affatto semplice ma bisogna fare pratica.

Se i rendiamo conto di essere il presente, riusciremo a capire e a realizzare che non siamo "colui che pensa", in quanto possiamo guardarlo attentamente. Se possiamo essere spettatori, significa che non possiamo essere quello. Quando riusciremo a comprendere ciò, inizierà il nostro risveglio, in quanto comprendiamo che non siamo solo corpo e mente. Ma quindi cosa siamo? Siamo universo, energia, siamo i registi gli attori e gli spettatori della nostra vita contemporaneamente. Ma siamo anche spirito. Ogni giorno possiamo provare a vivere nel presente e a concentrarci su di esso. Bisogna quindi concentrarsi su ogni singola azione che facciamo anche quelle più ordinarie che ci sembrano normali. Ad esempio quando ci si lava le mani bisogna prestare attenzione a come l'acqua scorre su di esse, quando mangiamo assaporare ogni boccone, quando camminiamo rifletti su come appoggi il piede sul terreno. Vivere nel qui e ora ti permetterà di vivere senza l'ansia per il futuro e senza la nostalgia del passato. In questo modo potenzi il tuo tempo. Inoltre ci permetterà di assaporare ogni istante della nostra vita, molto spesso siamo schiavi delle nostre abitudini, diventiamo schiavi e le giornate passano senza renderci conto di cosa abbiamo fatto. Ecco alcuni segnali della modalità essere nel presente:

Vivere il momento: non farti coinvolgere da pensieri che riguardano passato o futuro. Attenzione: riporta l'attenzione sull'oggetto della concentrazione. Reattività: non reagire alle distrazioni esterne o interne al nostro corpo ma osservale e lasciale andare. Non giudicare: non pensare "sarebbe dovuto succedere così, non doveva andare così". Non lasciarti condizionare e non lasciare spazio al "dovrebbe". Accettazione: non criticarti e non sentirti deluso da te stesso. Devi imparare a essere compassionevole verso te stesso quando ripensi alle azioni che hai compiuto nel tuo passato. Passività – qui e ora: non pianificare, ma vivi oggi, ogni istante e non farti inghiottire dalla modalità "fare". Di seguito alcune domande su quanto si è consapevoli del proprio tempo e su quanto la tua mente è concentrata sul passato, presente o futuro. Basta pensare e rispondere si o no a tali domande.

Il passato: ti capita spesso di pensare al passato? Ci sono eventi specifici del passato che ti turbano ancora? Ti crea molta ansia ripensare agli errori del tuo passato? Ti fa ancora molto male e arrabbiare pensare alle cose peggiori che qualcuno ti ha fatto o detto? Il presente: pensi di avere un buono spirito di osservazione mentre ti muovi nel tuo quartiere? Quanto è forte la tua capacità di concentrazione? Ti capita spesso che la tua mente vaghi mentre ascolti la musica o guardi la tv? Quante volte hai apprezzato una camminata in compagnia, per i suoi panorami e i suoni della natura più che per l'opportunità di parlare con un amico o riflettere sui tuoi problemi? il futuro: ti capita spesso di aspettare con impazienza future soddisfazioni immaginarie e su come saranno? Ti capita spesso di sentirti di sentirti ansioso al solo pensiero di eventi futuri? Ti senti ottimista verso una possibile esperienza che ti porta il futuro? Ti senti molto pessimista al pensiero della più sgradevole esperienza che l'immediato futuro ti potrebbe riservare?

Ecco alcuni esercizi da fare alla fine della tua giornata per capire se si è vissuto il presente.

OSSERVA IL TUO CORPO: il tuo corpo di sente piacevolmente stanco per essere stato attivo e vitale durante la giornata? Che cosa hai fatto durante la giornata per rendere il tuo corpo felice? Che cosa decidi di fare per te domani?

OSSERVA LA TUA MENTE: la tua mente è pronta a lasciare andare i pensieri della giornata e a fermare la sua attività durante il sonno? Oppure è ancora agitata e preoccupata per tante cose e senti che porterai con te questi pensieri durante la notte, ritrovandoli poi al tuo risveglio? Hai fatto qualcosa durante la giornata per calmare, rasserenare la mente e renderla più positiva? Che cosa scegli di fare domani?

ASCOLTA LA TUA ANIMA: com'è stato ieri o oggi la tua meditazione? Che cosa hai percepito? Come ha cambiato la tua energia? Quanto sei riuscito durante la giornata a irradiare attorno a te un'energia armoniosa? Che cosa scegli di fare domani?

Ecco un piccolo esercizio per immergerti nel qui e ora.

È un'esperienza di consapevolezza utilizzata per riprendere il controllo sulla propria vita. Per questo motivo viene anche proposto per sanare alcuni problemi psicologici che ti portano a perdere la calma: basta fermarsi e iniziare a prestare attenzione a tutto ciò che è attorno a noi. Tutto ciò che percepisci, dal ritmo del tuo respiro al rumore della gente che parla, dal rumore dei nostri piedi sul terreno, dagli uccellini che cinguettano. Tutto ciò non deve essere un momento lungo ma bastano pochi minuti per assaporare ciò che ci circonda. Bisogna anche diventare consapevoli del silenzio che ci circonda.

Ecco un piccolo test che ti permette di capire dove girovaga la tua mente durante la giornata. Ad ogni affermazione dai un voto da 1 a 5.

1= mai; 2= raramente; 3= a volte; 4= spesso; 5= sempre.

Prima domanda: quando sto andando a piedi da qualche parte e incrocio un negozio di spezie, mi fermo ad annusarle.

Seconda domanda: tendo a preoccuparmi del futuro e/o a pensare alle cose del passato.

Terza domanda: mi prendo il tempo per assaporare il cibo delle pietanze che mangio.

Quarta domanda: cammino a testa bassa e non mi guardo attorno.

Quinta domanda: mi perdo nei miei pensieri quando qualcun altro sta parlando con me.

Sesta domanda: riconosco ciò che accade nel mio corpo quando sono stressato (ad esempio il cuore che batte forte, la tensione dei muscoli)

Settima domanda: mi sento bene a rimanere semplicemente seduto a osservare un tramonto.

Ottava domanda: dopo un litigio, continuo a pensare a tutte le cose che avrei potuto fare e dire per dimostrare che avevo ragione.

Nona domanda: mi perdo nei pensieri quando potrei godermi un'esperienza sensoriale ad esempio un bacio.

Decima domanda: divento impaziente se aspetto in coda in cassa al supermercato o al cinema.

Undicesima domanda: mi prendo il tempo per fermarmi e sentirmi grato di quanto di positivo mi capita.

Dodicesima domanda: non sono tollerante e sono auto giudicante quando commento errori.

Tredicesima domanda: cerco di risolvere problemi e avversità elaborando pensieri e ragionamenti.

Quattordicesima domanda: presto attenzioni ai suoni, come al vento che soffia tra gli alberi, le auto che passano o la pioggia che cade.

Somma le risposto alle domande: 1, 3, 6, 7, 11, 14. A questo punto aggiungi al punteggio ottenuto 34. Sottrai la somma delle risposte alle domande: 2, 4, 5, 8, 9, 10, 12, 13.

Risultato: da 0-18: Principiante: spesso distratto e attaccato ai pensieri davanti a te da riscoprire. La mente del principiante è una grande opportunità.

Da 19-38: Abbastanza consapevole: hai compreso come soffia il vento della consapevolezza: non mollare la rotta e continua a navigare.

Da 39-56: Quasi illuminato: forse sei arrivata ad una meta, ma ricordati di rimanere principiante!

Capitolo 7

LE CARATTERISTICHE DELL'INDOLE CONSAPEVOLE

Ecco alcuni punti:

Tendi a non stupirti quando qualcuno sottolinea i tuoi punti di forza e le tue debolezze.

Quando ti senti ansioso, la prima cosa che fai è certare di allontanarti dall'ansia e di guardarla dall'esterno?

Quando provi rabbia, la prima cosa che fai è cercare di schivare le idee per qualche secondo prima di dire o fare qualsiasi cosa?

Se ti fosse richiesto sapresti elencare i modelli di reazioni che tendi a mettere in pratica in determinate situazioni? E quali sono tali reazioni?

Quando pensi a situazioni passate e/o future, ti succede di fermarti e poi ritornare consapevolmente al presente?

Rispondi spesso con gratitudine, gioia o meraviglia a ciò che di positivo osservi intorno a te?

Non combatti quando qualcosa di bello nella tua vita finisce, poiché sai che è fuori dal tuo controllo?

Capitolo 8
LA MEDITAZIONE VIPASSANA

La meditazione vipassana e la meditazione samatha, sono due tecniche buddiste di meditazione.

Questa tecnica nasce in India prima dell'avvento del Buddismo anche se è stato il Buddha a diffonderla come tecnica. Il suo scopo è quello di capire la vera essenza della mente e della materia. La parola vipassiana infatti significa guardare, osservare e vedere in profondità. L'esercizio meditativo permette di liberarsi dalla consuetudine a ribellarsi e a reagire (fonte di ogni infelicità) e, effettuando una profonda introspezione, permette di affrontare le disavventure della vita in modo più adeguato. Durante la pratica dell'esercizio si passera ad avere una conoscenza molto superficiale di sé ad una conoscenza molto profonda. La tecnica prevede diversi momenti che si visualizzano prima sul nostro corpo come la postura della schiena e il respiro successivamente si focalizza sulle nostre sensazioni e sulla mente. Da una parte infatti ci sono i nostri sentimenti e le nostre emozioni che scaturiscono nella mente, dall'altra parte invece c'è il respiro e le percezioni nel nostro corpo. Questa prima parte che ci dice di concentrarsi sulla respirazione prende il nome di Samatha. Inizialmente concentrati sulla tua respirazione e successivamente sulle sensazioni che provi.

Bisogna quindi concentrarsi sui movimenti che avvengono all'interno del nostro corpo come il rumore del nostro addome mentre si inspira e mentre si espira, sulla percezione dell'aria fresca durante l'inspirazione e quella calda durante l'espirazione. Cerca di avvertire e comprendere ogni emozione di ogni muscolo e parte del corpo coinvolta nella respirazione. Se si viene distratti da elementi esterni secondari, non bisogna cercare di eliminarli ma cerca di riportare la tua attenzione sulla respirazione. Ecco le fasi della meditazione Vipassana:

prima di tutto bisogna sedersi con la schiena dritta e concentrati sul tuo respiro senza cercare di modificarlo. Può succedere di captare agenti esterni, se succede riporta la tua attenzione sul tuo respiro. A questo punto cerca di capire quali sensazioni provi. Si inizierà a constatare l'interazione tra il corpo e la mente come i tuoi pensieri portano a delle sensazioni e come nello stesso tempo svaniscono.

Se si avverte una negatività nella nostra mente, il respiro perde la sua normalità e capisce che c'è qualcosa che non va. Non sottrarti ad esso ma affrontalo. In modo tale che le impurità perdano forza e lascino il nostro corpo e non riusciranno più a farci del male. Non è semplice ma con molta pratica e perseveranza essi scompariranno completamente.

Capitolo 9

L'ALIMENTAZIONE CONSAPEVOLE

Praticare la meditazione aiuta anche la nostra alimentazione. Secondi studi recenti infatti meditare riduce del 50% i disturbi alimentari e gli impulsi che abbiamo verso il cibo. Tutto ciò a portato a parlare di alimentazione consapevole. Ma cosa significa mangiare in maniera consapevole? Questo tipo di pratica, ai giorni moderni, prende il nome di mindful eating. Il mangiare consapevole richiede tempo ed energie, non è una pratica semplice da eseguire. Prima di tutto è importante non pensare ad altro, concentrarci sulla nostra pietanza facendo una cosa per volta. Quando ci troviamo di a tavola di fronte al nostro cibo, dobbiamo soffermarci e capire che cosa ci comunicano tutti i sensi mentre lo osserviamo: che cosa proviamo a guardarlo, che odore e o profumo ha, che sensazione ci dona toccarlo. Inoltre bisogna assaporare ogni boccone e prestare particolare cura durante il processo di masticazione. Dobbiamo infatti renderci conto che masticare non vuol dire semplicemente inghiottire il boccone attraverso la gola. Ma rappresenta la prima fase della digestione. È solo dopo ciò che il nostro cibo diventa liquido. Una volta mangiato il primo boccone allora si può passare al secondo boccone. La cosa più importante, quando si mangia in maniera consapevole è che attraverso il cibo diventiamo una cosa sola con l'universo e a contatto con tutti gli elementi della realtà. La terra in cui è stato, la pioggia che lo ha bagnato, il sole che lo ha cresciuto e le persone che lo hanno raccolto e lavorato. Di seguito alcune domande che ti permetteranno di capire se ti nutri con equilibrio: quali alimenti ti fanno stare meglio fisicamente (ti senti più leggero, digerisci più facilmente)? Quali alimenti ti appetiscono di più? Che cosa mangi con gioia? Quali alimenti ti appesantiscono di più e ti danno più energie? Quanto sei consapevole delle vibrazioni di chi prepara il tuo cibo (una persona ansiosa e arrabbiata infonderà quel tipo di vibrazioni nella pietanza che ti prepara)? Quanto sei consapevole dell'importanza dell'ambiente in cui mangi (se mangi guardando la televisione, in un luogo rumoroso, in un ambiente dove le persone litigano, ingerirai anche quelle vibrazioni: quindi non stupirti se la digestione sarà difficile)? Quanto sei consapevole del tuo atteggiamento mentre mangi? Ti siedi o mangi in piedi? Ti dedichi il tempo necessario per gustare le pietanze che mangi o sei di fretta? Mastichi oppure ingoi? Per quale motivo mangi? Vuoi combattere la noia oppure sei triste o stai mangiando solo per stress?

Capitolo 10
I MANTRA

La parola mantra è un termine che deriva dal sanscrito ed è composta da due parti: Man che significa mente, pensiero e dal Tra che significa proteggere, attraversare. Pertanto la totalità della parola significa pensiero che libera e ci protegge. I mantra sono molto utili per la meditazione, sono infatti uno strumento che ripetuto ci permette di entrare in contatto con l'assoluto.

I mantra sono un insieme di suoni, a differenza della preghiera che è composta da parole di supplica scelte da noi, il mantra è una precisa combinazione di suoni e di parole. Essi prendono forma di coscienza e di energia. La ripetizione di un mantra durante la meditazione ci permette di aumentare il potere di concentrazione inoltre purifica il nostro subconscio senza rendercene conto. Impareremo così a controllare le nostre emozioni.

Recitare un mantra non richiede tanto tempo, bastano pochi minuti durante l'arco della nostra giornata. Ecco alcuni momenti in cui si possono ripetere i Mantra:

mentre aspettiamo o stiamo camminando, quando stiamo compiendo un lavoro o un'azione che non richiede particolare attenzione da parte nostra, quando siamo annoiati, prima di addormentarci ci permette di non soffrire di insonnia in quanto il nostro cervello continua ad elaborarlo e a ripeterlo mentre dormiamo, quando siamo ammalati: spesso i malati si compatiscono per la propria situazione e dato che l'energia segue il pensiero molte volte la continuazione della malattia è dovuta al fattore psicosomatico che tende ad allungare i tempi di guarigione, ripetendo il Mantra si calma la mente e si pensa di meno ai propri sintomi e ai propri problemi. Ripetere un mantra può anche aiutarci quando la nostra mente e troppo agitata e abbiamo bisogno di concentrarci. Per scacciare i pensieri: la nostra mente è ricca di pensieri positivi e negativi, che creano una specie di ronzio e sottofondo nella nostra mente. Ripetere un mantra in questo caso ci può aiutare a far tornare dentro di noi la pace e il silenzio. Molti invece lo utilizzano per calmare la paura, la collera oppure il dolore che provano: quando siamo oppressi da questi tipi di sentimenti è molto utile ripetere un mantra in quanto le impurità che ci attannaiano scompariranno e la nostra mente tornerà ad essere limpida e fresca.

Ma come si può scegliere il proprio mantra? Colui che sceglierete vi accompagnerà in tutto il percorso della vostra vita, ma potete decidere di utilizzarne anche più di uno in base al contesto o alla situazione che avete davanti. Il Mantra OM: è il mantra per eccellenza, prende il nome di Pranava ovvero sillaba sacra e rappresenta la realtà spirituale. È il suono che ha dato vita a tutte le cose e raffigura l'universo. La vibrazione diffusa da Brahman che, concentrando l'energia, ha creato la materia e l'intero Universo. Il canto di tale mantra purifica la nostra mente, elimina l'egoismo e distrugge tutte le negatività. È anche considerato il suono primordiale, si sostiene infatti che prima della creazione della materia ci fosse questo suono e che perciò contenga dentro di sé tutte le energie che hanno permesso la realizzazione dell'universo. Ma come si recita tale mantra? Prima di tutto bisogna sedersi comodi, con la schiena dritta. Successivamente fai un bel inspiro e espirando pronuncia la sillaba Aaaaaaa. Questo suono dovrebbe iniziare alla base della gola e per poi arrivare lungo tutto il petto, fino a sentirlo vibrare. A questo punto fai di nuovo un inspiro e pronuncia la sillaba Uuuu in modo da sentir vibrare la gola. Dopo inspira e espirando pronuncia Mmmmm. A questo punto a vibrare è la nostra testa. Senza cambiare posizione, assicurati che la schiena, il collo[1] e la testa siano in posizione verticale e dritta. A questo punto respira profondamente dal naso e, durante la successiva esalazione, canta Om cercando di recitare le sillabe separatamente. Ti renderai conto che le vibrazioni partono dal petto e piano piano salgono fino ad arrivare nella testa. È importante che il suono emesso delle tre sillabe abbiano la stessa durata. Quasi sicuramente all'inizio non lo saranno ma con la pratica imparai e ci riuscirai. Una volta conclusa questa pratica rimani in completo silenzio e continua ad ascoltare le vibrazioni dell'Om nel corpo.

I benefici del praticare il mantra Om sono innumerevoli, eccone alcuni: riduce lo stress, calma la nostra mente, riduce ansia e depressione, migliora la concentrazione e il respiro, apre il sesto chakra, aumenta il nostro intuito.

Il mantra Gayatri è molto potente ed è anche considerato il mantra più sacro. Esso si rivolge al sole e il suo scopo è quello di aumentare la nostra coscienza e la nostra illuminazione spirituale. Di solito viene ripetuto tre volte durante l'arco della giornata: al mattino, a mezzogiorno e alla sera.

Il Mantra Yoga: è anche detto il mantra del suono, riguarda l'azione di unire il divino attraverso la recitazione. Questo

---

1. https://www.atuttoyoga.it/esercizi-posizioni-yoga-cervicale-eliminare-torcicollo/

esercizio consiste nel recitare per un specifico numero di volte il mantra che viene scelto. Questa pratica può essere fatta in diverse maniere, ad alta voce oppure mentalmente. Il momento migliore per praticarlo sono la mattina presto e la sera.

Capitolo 11
I MUDRA

Il termine Mudra deriva dal sanscrito e significa gesto oppure segno. Nello yoga e nella meditazione le mudra sono gesti simbolici che vengono fatti con le mani e con le dita e servono per facilitare il flusso di energia attraverso il corpo, aiutando, favorendo e facilitando così la nostra pratica meditativa. La posizione corretta delle mani ci dona benessere ed energia. Ancora oggi non si conosce la vera origine dei mudra che è avvolta dal mistero, ma le raffigurazioni religiose legate all'India ci fanno realizzare che sono sicuramente legati al territorio asiatico. Molto spesso quando meditiamo non portiamo attenzione alla corretta posizione delle mani che invece è estremamente importante, le mani non vanno mai trascurate o posizionate in maniera casuale. Ogni mudra stimola infatti parti diverse del nostro cervello e ci aiuta a convogliare l'energia verso una data zona del nostro corpo. Ne esistono infatti di molti tipi e ognuno ha uno scopo ben preciso. Non è una pratica semplice a volte per poter trarre dei benefici da essi passano anche settimane oppure mesi. Con la pratica ininterrotta, ci colleghiamo con diversi aspetti energetici dell'universo e riusciamo a capire le doti spirituali contenute dentro ognuno di noi. Non siamo abituati ma noi trasportiamo all'interno del nostro corpo fisico, segni di tali forze energetiche, simboleggiate dagli elementi della natura. Ogni nostro dito rappresenta un elemento particolare con cui è connesso. Toccando quindi il punto entriamo in contatto e in connessione con quel particolare elemento. Ecco le varie dita e gli elementi ad essi corrispondenti. Il pollice: corrisponde al sole, all'energia e al fuoco. L'indice: è connesso all'aria e a tutto ciò che ha bisogno di rimanere in movimento quindi energia in movimento. Il medio: rappresenta lo spazio, l'espansione e l'apertura. L'anulare: corrisponde alla terra, alla solidità, le radici e il radicamento. Il mignolo: rappresenta l'acqua, i liquidi, la mobilità e la caratteristica di sapersi adattare. I principali mudra sono nove. Il primo mudra prende il nome di Shuni Mudra. Si esegue collocando il pollice sul dito medio facendoli toccare e le altre dita si lasciano andare delicatamente. È utile appoggiare le mani sulle ginocchia per rilassare le dita che non sono unite ed evitare di irrigidirle. Questo mudra rappresenta la pazienza. I benefici che ci porta sono molteplici esso infatti agisce sulla pazienza e pertanto ci permette di aumentarla, inoltre ci aiuta ad affrontare al meglio i periodi di cambiamento che ci sono nella nostra vita.

Il secondo mudra prende il nome di Surya Ravi. In questo caso bisogna far toccare l'anulare con il pollice e le altre dita rimangono distese. È fondamentale non appoggiarle al pollice. Esso è il segno della vita e simboleggia l'equilibrio e la buona salute. Effettuare questa posizione serve per rafforzare il sistema muscolare e la nostra energia genera forza e ottimismo. Il terzo mudra prende il nome di Gyan. In questo caso l'indice sfiora il pollice e le altre dita rimangono del tutto rilassate e mai rigide. È la mudra più famosa e utilizzata al mondo pare infatti che fosse anche la preferita del Buddha[1] durante i suoi momenti di meditazione. È colui che si occupa della consapevolezza e simboleggia la saggezza e l'espansione dell'Io. Stimola la

---

1. https://www.meditazionezen.it/le-migliori-citazioni-di-buddha/

creatività e la concentrazione. Il Buddhi Mudra è il quarto mudra e si esegue in questo modo, il mignolo preme sul pollice e le altre dita rimangono rilassate. Questa posizione è molto più difficile rispetto alle altre mudra in quanto bisogna essere più elastici per mantenere per molto tempo la posizione. È la chiarezza mentale e simboleggia l'apertura mentale e la comunicazione. Questa posizione ci permetterà di migliorare tutte le forme di comunicazione, a livello fisico invece serve per bilanciare i livelli di acqua all'interno del nostro organismo. Successivamente abbiamo il Prana Mudra in questo caso l'anulare ed il mignolo toccano il pollice, invece il dito medio e l'indice rimangono rigidi. Si impiega principalmente per incanalare energia verso il primo chakra. È la posizione della vita e ci permette di incanalare l'energia verso tutto il nostro corpo. Pertanto si occupa di infondere energia prima e dopo la meditazione, inoltre aumenta il nostro sistema immunitario.

Il Vayu Mudra. Il nostro dito indice va collocato sotto al pollice, in modo che esso eserciti pressione. Le altre tre dita vanno mantenute rigide facendo però attenzione che non creino fastidi. È legato all'aria. A livello fisico ci aiuta principalmente a tutti quei problemi legati all'aria come ad esempio il gonfiore addominale. Successivamente abbiamo l'Apaan Mudra il dito medio e l'anulare toccano il pollice, invece pollice e indice rimangono rigidi e in posizione orizzontale. È associato alla purificazione sia dal punto di vista fisico che dal punto di vista sensoriale e spirituale. Purifica quindi il nostro corpo dalle tossine e molto utile a chi soffre di problemi di digestione. L'Hakini Mudra: le punte di tutte le dita di entrambi le nostre mani si toccano in maniera delicata. Solo i pollici devono fare più pressione. Serve per concentrare l'energia verso il sesto chakra. Aumenta la memoria e favorisce la nostra creatività. Yoni Mudra in questo caso le punte dei pollici si toccano adoperando una piccola pressione, mentre i due indici si toccano con tutta la prima falange. Questa posizione è più complicata rispetto alle altre e per i principianti, ci vuole un po' di pratica. Esso rappresenta l'isolamento dal mondo. Aiuta a stabilizzare il sistema nervoso e diminuisce lo stress. Inoltre ci permette di isolarci completamente rispetto al mondo esterno durante tutta la nostra seduta di meditazione. Un altro aspetto fondamentale che ci permette di capire come agiscono i mudra, è quello della loro relazione con il respiro e il prana. Il prana è quella energia universale che domina il nostro corpo, la mente e lo spirito. I Mudra avviano i diversi prana e indirizzano l'energia attraverso le varie aree del nostro corpo. I mudra sono il condotto diretto per relazionarsi con i prana e portarli in equilibrio. I mudra inoltre corrispondono e influenzano i nostri chakra. Essi infatti essendo capaci di canalizzare l'energia influenzano l'energia che rilasciano i nostri chakra. Praticando i mudra possiamo cosi equilibrare, aprire oppure chiudere il sistema dei chakra. Ma c'è un momento migliore per praticare i mudra? I momenti migliori sono sicuramente l'alba e il tramonto e anche l'ambiente naturale ci potrebbe aiutare. Non c'è un tempo massimo o minimo per praticarli, ma come la meditazione e tutte le pratiche dello yoga è buona cosa farlo con quotidianità soprattutto se si vogliono trarre dei benefici. Quando pratichi i mudra fai molta attenzione alla respirazione. Se vuoi calmarti allora cerca di rallentare il respiro se invece al contrario vuoi rinascere e rigenerarti allora rafforza e intensifica il tuo respiro.

Capitolo 12
LA MEDITAZIONE CON LA MUSICA

Un'altra tecnica che può essere utilizzata mentre si pratica la meditazione è ascoltare la musica. Per meditare con la musica è molto importante come per la classica meditazione, la nostra posizione bisogna infatti sedersi in una posizione comoda, con la schiena e il collo dritto e ed essere in un'ambiente silenzioso, senza fattori esterni che possano distrarci. A questo punto bisogna rilassare il corpo facendo dei respiri profondi e naturali per ossigenare il sangue. Per concentrarci meglio si può portare l'attenzione sul tragitto che percorre l'aria nel nostro corpo (entrare e uscire, inspirare ed espirare). Quando si è concentrati e ben rilassati si può far partire la musica. Se si è soli in casa o dove si sta effettuando la meditazione è possibile utilizzare delle casse in quanto le vibrazioni che emette la musica vengono percepite anche dal nostro corpo e non solo dalla nostra mente, se invece non si ha la possibilità di utilizzare le casse, anche le cuffie possono essere un supporto per l'ascolto della nostra musica. A questo punto bisogna portare la nostra attenzione sulla musica, che deve essere l'unico oggetto della nostra meditazione. È molto probabile, soprattutto all'inizio che si pratica questo tipo di meditazione, che i nostri pensieri prendano il sopravvento e che quindi siamo distratti da essi, ma basta cercare di riportare l'attenzione sulla nostra musica. La musica da meditazione agisce su diverse aree del nostro corpo e sulla nostra psiche. Ecco alcuni benefici che può portare meditare con la musica: agisce sul nostro sonno, la musica da meditazione può aiutare a placare i nervi e ad allontanare i pensieri negativi che attanagliano il nostro cervello soprattutto prima che ci addormentiamo. Inoltre rilassa il nostro corpo e ci prepara al meglio ad affrontare il nostro sonno. Aiuta la concentrazione: questa tipologia di musica può essere utilizzata mentre studiamo o mentre svolgiamo un'attività particolarmente difficile e impegnativa, grazie alle sue proprietà rilassanti ci permetterà di concentrarci e a non distogliere l'attenzione da quello che stiamo facendo. Se infatti ti rendi conto che mentre svolgi un'attività tendi a distrarti e a pensare ad altro, la musica da meditazione può aiutarti a focalizzare l'attenzione. Allieva da ansia e stress: ascoltare la musica meditativa mentre si è nervosi o stressati, ci permette di ridurre questi stati in cui ci troviamo. La nostra ansia diminuirà e ci rendiamo conto pian piano che ci stiamo rilassando. Meditare con la musica ci permetterà quindi di sentirci più calmi e le pressioni della vita diminuiranno fino a scomparire totalmente. L'ascolto della musica mentre si è lavoro sta prendendo sempre più piede ai giorni d'oggi, studi recenti infatti dimostrano che nei luoghi di lavoro in cui si utilizza la musica meditativa hanno livelli di stress e di ansia molto più bassi rispetto agli ambienti senza musica. La meditazione risulta più profonda: studi medici hanno dimostrato che l'utilizzo di musica mentre si pratica la meditazione crea un'atmosfera rilassante che favorisce la riduzione dello stress. Non tutti la pensano in questo modo, ma non esiste una cosa giusta oppure sbagliata, bisogna praticare la tecnica più giusta per noi stessi. Se la musica ti tranquillizza e ti porta ad una comprensione più profonda e più consapevole di te stesso, allora ne trarrai beneficio. Ma non sforzarti. Alimentazione consapevole: mangiare di fretta e al volo può generare ansia e stress e a portare a delle abitudini alimentari non sane. Gli studi dimostrano che mangiare con una musica rilassante di sottofondo ci può rendere più consapevoli su cosa stiamo mangiando e aiuterà così anche la nostra digestione. Migliora la nostra salute fisica: ascoltare la musica da meditazione non aiuta solo la nostra mente ma anche il nostro corpo. Essa infatti ci permetterà di riposare meglio e quando il nostro corpo è stanco, aiuterà i nostri muscoli a rigenerarci.

Come scegliere la musica da meditazione?

Esistono infatti diversi tipi di musica rilassante, si spazia infatti da quella indiana, a quella new age oppure i suoni della natura, tutti questi tipi di musica ci possono aiutare e favorire la concentrazione utile per la pratica della meditazione.

Altri tipi di musiche per la pratica della meditazione sono quelle che utilizzano particolari frequenze, come la musica a 432 Hz. L'utilizzo di questo tipo di musica favorisce la comparsa di particolari onde celebrali che servono per la meditazione o di stimolare specifici Chakra. Quando si scelgono queste frequenze bisogna fare attenzione in quanto non tutte aiutano nella pratica della meditazione. Alcune persone utilizzano anche la musica classica. Molte persone trovano giovamento oltre ad ascoltare la musica, anche a cantarla. Molto spesso infatti mentre si medita e si ascolta la musica, si canta oppure si emettono dei suoni. In questo caso si parla di Nada Yoga. La musica di meditazione può essere adattata e utilizzata nella nostra vita, anche se non si pratica la tecnica della meditazione. La musica che corrisponde ai suoni della natura e quella strumentale può essere particolarmente utile a chi soffre particolarmente di ansia e stress. Medita, studia e ascolta la musica. I mantra: ne esistono centinaia e possono essere particolarmente rilassanti e calmanti. Le musiche della natura: è una musica molto rilassante e purificatrice, può accompagnare anche quando pratichiamo la tecnica della meditazione guidata. I principali suoni in questo caso sono, il rumore del mare, il bosco, il cinguettio degli uccellini, il rumore soft di un ruscello, la pioggia che cade. Gli strumenti musicali: l'utilizzo di questo suono può aiutare e agire particolarmente sulla nostra energia.

Capitolo 13

LA MEDITAZIONE CON LA CANDELA

Un'altra tecnica di meditazione è quella che prende il nome di Trataka. È particolarmente rilassante ed agisce principalmente sulla nostra mente. Ma in che cosa consiste questa tecnica? Bisogna fissare per alcuni minuti un oggetto, di solito viene utilizzata la fiamma di una candela. Bisogna sedersi in una posizione comoda, per terra con le gambe incrociate e la schiena dritta. La fiamma della candela deve essere all'altezza dei nostri occhi, può succedere che i nostri occhi dopo un po' inizino a lacrimare, questo è normale ed è depurativo. A questo punto cerca di rilassarti e respira profondamente, inspira ed espira. Successivamente bisogna concentrarsi sulla fiamma della candela, non fissarla ma cerca di contemplarla. Sicuramente le prime volte potrà succedere che la nostra mente venga sopraffatta dai pensieri, in questo caso cerca di scansarli e non lasciarti opprimerti da essi. Quando ti senti calmo e rilassato con la mente senza pensieri, allora in assoluto silenzio ammira la fiamma della candela e come la sua luce illumina ciò che ti circonda. Quando pensi che sia giunto il momento di terminare il momento di meditazione allora con un soffio spegni la candela e rimani immobile per alcuni minuti. Rilassati e guardati dentro prima di ricominciare a svolgere le attività quotidiane. I benefici che si traggono da questa pratica sono molteplici: a livello fisico con la lacrimazione, si depurano gli occhi. Aumenta la nostra concentrazione. Rilassamento dei nostri muscoli facciali. Ci permette di concentrarci e vivere il momento presente. Stimola il nostro terzo occhio. Rilassa la nostra mente. Ci aiuta ad avere una visione diversa del futuro e stimola il nostro intuito.

Capitolo 14

LA MEDITAZIONE CON LA LUNA PIENA

Durante le fasi della luna piena è possibile aumentare la nostra energia positiva oppure, al contrario, potremmo essere sovrastati dalle nostre emozioni. Quando c'è la luna piena tutto ciò che accade al nostro corpo è più amplificato.

Proprio perché la fase della luna piena ha tanta energia, praticare la tecnica di meditazione questo periodo può accrescere la calma, la consapevolezza e il rilassamento. È possibile meditare da soli in casa oppure in gruppo. Quando si pratica la meditazione durante la luna piena bisogna preparare il luogo. È possibile aggiungere delle candele nella stanza e spargere degli incensi come il gelsomino che è associato e legato particolarmente alla luna. A questo punto siediti con le ginocchia incrociate e con la schiena dritta, oppure sdraiati. E inizia a rilassarti concentrandoti sul tuo respiro, espira e inspira. Scaccia via i tuoi pensieri.

Capitolo 16
MEDITARE CON I COLORI

La meditazione attraverso i colori dei chakra è un metodo che ci permette di equilibrare il nostro corpo e la nostra mente. Con i colori riusciamo così a purificare a attivare i nostri chakra. Per affrontare questa tecnica bisogna trovare un posto silenzioso dove praticarla, sedetevi per terra con la schiena e il collo dritto e iniziate a rilassarvi. A questo punto bisogna chiudere gli occhi e respirare piano. Anche se non è facile bisogna lasciare andare i nostri pensieri e concentrarci unicamente sul nostro respiro. Ora bisogna immaginare di essere accerchiati da colori luminosi e splendenti. Pensate al colore rosso cercate di osservarlo mentre scende lungo la vostra schiena riempiendola di luce. Tenete presente il colore per qualche minuto e poi lasciatelo andare. Ora riconcentrati sulla respirazione e dopo qualche minuto passa al colore arancione. Deve scendere fino al secondo chakra, osservandone gli effetti. Tienilo per qualche minuto e poi lascialo scivolare via. Dopo qualche respiro si passa al colore giallo. Immaginalo mentre arriva fino al terzo chakra. immagina mentre si irradia dentro al nostro corpo e diffonde energia. Una volta lasciato andare e proceduto con la respirazione si passa al colore verde. Egli arriva fino al cuore. Ed emana amore incondizionato verso di noi e verso gli altri. Adesso è il momento della luce blu. Rilassate le spalle e sentite i raggi blu che si propagano e diventano in comunicazione con tutto ciò che vi circonda. Ora il viola ci circonda e fa sparire tutti i pensieri negativi che ci circondano. Respirate e ora si attiva il settimo chakra. Una luce dorata ci illumina e porta energia in tutto il nostro corpo. Non tutti i colori verranno percepiti allo stesso modo, alcuni saranno più intensi e brillanti rispetto ad altri che appariranno più tenui. Una volta visto l'ultimo colore continuate a respirare per qualche minuto e quando vi sentite pronti aprite gli occhi. Questa tecnica può essere praticata ogni volta che si vuole anche immersi nella natura o in un bosco.

Don't miss out!

Visit the website below and you can sign up to receive emails whenever Marylin Bennet publishes a new book. There's no charge and no obligation.

https://books2read.com/r/B-A-TMPAB-NCBPC

BOOKS 2 READ

Connecting independent readers to independent writers.

Did you love *Meditazione Guidata: La Guida per Principianti per Meditare con la Tecnica Mindfulness Buddista Zen Trascendentale per Ridurre lo Stress e Trovare la Felicità*? Then you should read *Yoga per Passione: La Guida Completa alle Pose e alla Disciplina che Allena Corpo e Mente*[1] by Marylin Bennet!

Trova il giusto equilibrio tra corpo e mente attraverso la pratica dello Yoga.

Vuoi imparare a trovare l'equilibrio del tuo corpo e della tua anima? Che cosa significa praticare lo yoga? È possibile trovare beneficio anche solo con una risata?

---

1. https://books2read.com/u/3nB1r5

2. https://books2read.com/u/3nB1r5

Quante volte abbiamo sentito parlare di yoga, senza sapere quale sia veramente il suo significato. Molte persone ritengono che sia una pratica semplice che consiste nello svolgimento di esercizi fisici. Ma non è affatto così.

Sembra impossibile come una semplice pratica fatta con costanza possa aiutarci a sviluppare un equilibrio a livello di corpo ma soprattutto a livello di anima.Fare yoga si vuol dire praticare esercizi fisici, ma vuol dire anche riequilibrare la nostra mente in modo da affrontare in modo diretto i problemi della nostra vita senza farci abbattere da essi. Lo yoga non è uno sport ma uno stile di vita.

In questo libro scoprirai quando è nato lo yoga e cosa significa praticarlo. Imparerai le varie posizioni, da quelle più facili a quelle più avanzate. E perché non farla anche quando si è più anziani?

Ecco che cosa otterrai da questo libro:
La nascita e le origini dello yoga*Che cos'è lo Yoga*Le principali posizioni dello yoga*Conoscere noi stessi attraverso la pratica dello yoga*Le tecniche yoga per i principianti e per gli esperti*Lo yoga Nidra: yoga del sonno*Lo yoga della risata*Trova l'equilibrio tra corpo e mente*La ricerca dell'equilibrio interiore*Tecniche di respirazione*L'alimentazione nello yoga*La posizione dello scorpione*E molto di più!

Molto spesso ci troviamo a dover affrontare problemi, che si ripercuotono sia suo nostro corpo che sulla nostra anima con questo libro imparerai a riscoprire te stesso e a riequilibrare il tuo corpo e la tua mente attraverso le posizioni dello yoga. Capirai che si possono ottenere innumerevoli benefici anche solo con la pratica costante della risata... È arrivato il momento di iniziare!

Also by Marylin Bennet

Ancient Wisdom
Yoga per Passione: La Guida Completa alle Pose e alla
Disciplina che Allena Corpo e Mente
Meditazione Guidata: La Guida per Principianti per Meditare
con la Tecnica Mindfulness Buddista Zen Trascendentale per
Ridurre lo Stress e Trovare la Felicità

About the Author

Marylin Bennet, la brillante autrice che si cela dietro l'accattivante pseudonimo, ha lasciato un segno indelebile nel mondo della spiritualità e della scoperta di sé con i suoi scritti penetranti e trasformativi.

Attraverso le sue opere, ha abilmente esplorato le profondità dell'antica saggezza, offrendo ai lettori un percorso verso l'illuminazione, la tranquillità e l'armonia interiore.

Il viaggio di Marylin Bennet nel regno della scrittura spirituale è iniziato come una ricerca personale di comprensione e significato in un mondo sempre più complesso. La sua passione per la filosofia orientale, la consapevolezza e la vita olistica l'hanno portata ad approfondire gli insegnamenti del buddismo, la pratica dello yoga e il potere trasformativo della meditazione.

Lo stile di scrittura di Marylin Bennet è caratterizzato da chiarezza, profondità e profonda spiritualità. La sua capacità di trasmettere idee complesse con semplicità ed eleganza l'ha resa nota a un pubblico di lettori eterogeneo e in continua crescita. I suoi libri sono diventati compagni preziosi per chi cerca la crescita spirituale e la trasformazione personale.

Creafe Publishing
CREATIVITY ¦ FUN ¦ EXPERTISE

About the Publisher

CREATIVITY ¦ FUN ¦ EXPERTISE

Our imprint Creafe Publishing, where creativity meets expertise, is your destination for a captivating array of books. Our extensive collection features a harmonious blend of non-fiction treasures and engaging fiction gems. We believe that learning should be an enjoyable adventure, and our commitment to 'Creativity ¦ Fun ¦ Expertise' is evident in every page we produce. Explore our catalog to discover knowledge and entertainment like never before. With Creafe Publishing, your reading journey is bound to be a delightful and enlightening experience.